님의 향기를 찾아서

님의 향기를 찾아서

초판 1쇄 인쇄 2018년 4월 5일
초판 1쇄 발행 2018년 4월 10일

지은이 | 조동진
펴낸이 | 金泰奉
펴낸곳 | 도서출판 띠앗
등 록 | 제4-414호

편 집 | 박창서, 김수정
마케팅 | 김태일

주 소 | (우05044) 서울시 광진구 아차산로 413(구의동 243-22)
전 화 | (02)454-0492(代)
팩 스 | (02)454-0493
이메일 ddiat@ddiat.co.kr
홈페이지 www.ddiat.co.kr

값 7,000원
ISBN 978-89-5854-118-9 (03810)

님의 향기를 찾아서

조동진 지음

도서출판 띠앗

시인의 말

시냇물 흐르고 세월도 흐르며
흐르는 세월 속에 두루뭉실
그렇게 묻어가며 살다 보니
어느샌가 사랑하던 사람들은
하나둘 먼 길 나서며 이별을 고하건만
무엇 하나 제대로 이루지도 못하고
흘려보낸 꿈들을 추스르며
회한(悔恨)에 젖어보네요

못다 핀 꿈들과 못다 한 사랑은
어느새 점선처럼 점철(點綴)되어
기나긴 은하수를 이루고
잃을 것은 얻고 얻을 것은 잃으며
세 살 아기 때로 돌아가는 인생(人生)

이제는 나 밀린 숙제를 해야 할 때
하기에 지난날을 뒤돌아보며
한번쯤은 반성에 시간이 필요하겠지요

인생(人生)이라는 캔버스에
아주 작은 먹물만이
튀어 있길 바라면서 말입니다.

이제 나만의 것이 아닌
우리 모두에 세상을 위해
한번쯤은 내 이웃을 뒤돌아보며
동행하는 동반자가 되어야 하겠지요
저기 해맑고 수줍은 아이들을
위해서라도 말입니다.

조동진

차례

Chapter 2

Chapter 3

Chapter 4

Chapter 1

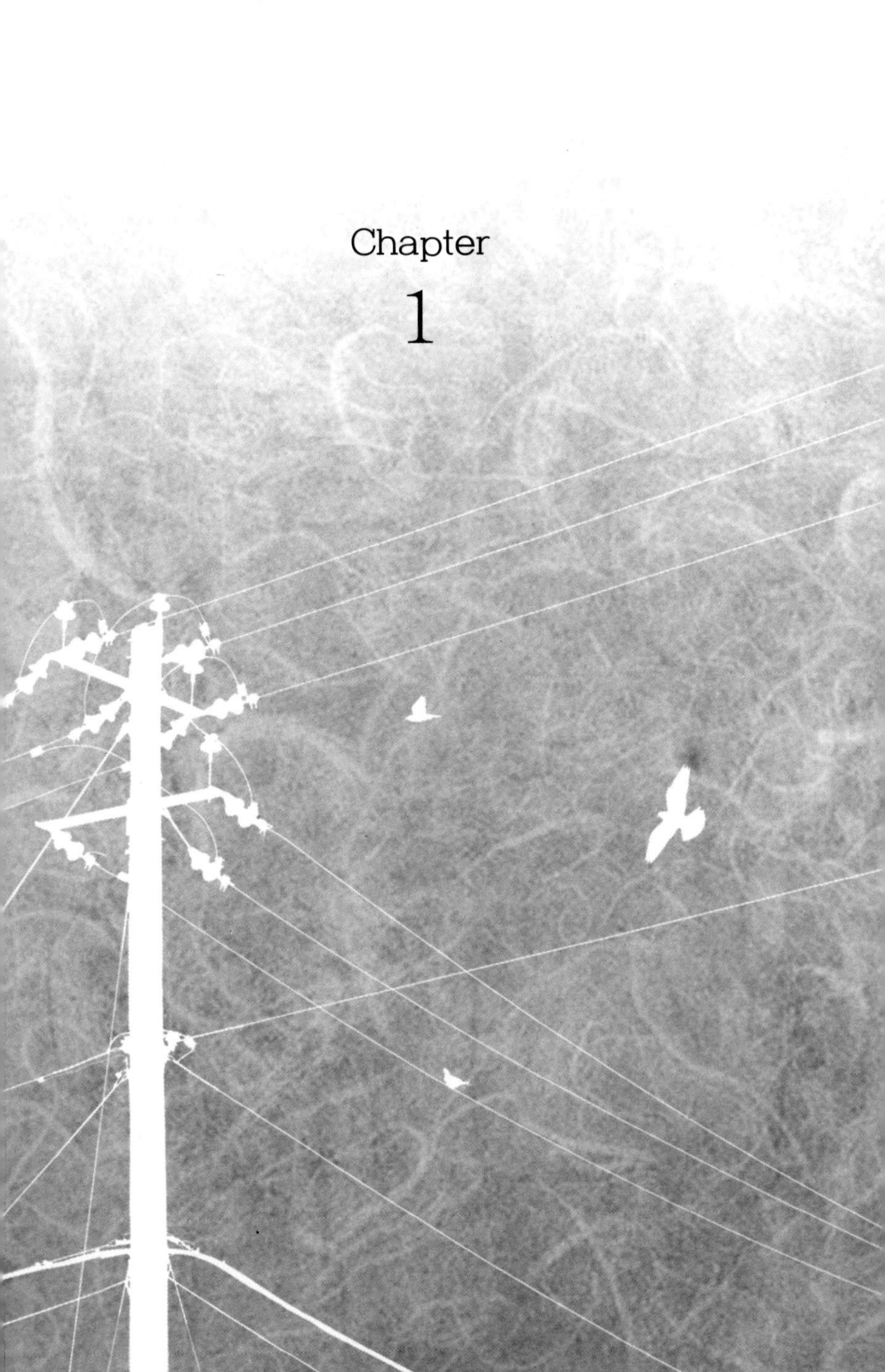

흐름

삶이란 각본(脚本) 속에서
각색(脚色)도 마다 않고
때로는 주연처럼
때로는 조연처럼
주어진 역할을 소화하며
꿈도 키우고 사랑도 키우며
희로애락(喜怒哀樂)을 탐(貪)하고
희희낙락(喜喜樂樂)하지만
세월은 물같이 흐르나니

우리 살아 숨 쉬는 동안
정신 차려 지켜내야 할 것은
네게 주어진 삶에 흐름인 것을 아는가?
흐름이 끊기는 그 순간부터
너의 모든 것을 잃어버릴 수 있다네
하여 너의 꿈과 사랑을 위하여
삶의 흐름을 놓치지 말게나
삶은 곧 너의 꿈이라네

늘 당신 있음에

우리의 사랑을
노래하는 당신
이제는 내게
안녕이라고 말하지 마세요

우리 영영
헤어지는 것도 아닌데
우리 사랑 넘고 넘쳐
행복을 노래하는데
'왜' 안녕이라 하나요
안녕이라는 그 말은
왠지 나는 싫어요

당신을 영영
잃을 것만 같아서…
그러니까 이제는
안녕이라 하지 말고
"우리 이따 봐요"

라고 말해 주세요

그래야 다시 만날
그리움을 안고
단잠을 청하며
단꿈을 꿀 수 있답니다

하여 언제나 늘
내 곁에 당신 있음을 감사하며
사랑을 노래하지요
행복을 노래하지요
내 곁엔 늘 당신 있기에….

빗속의 봄

책을 봅니다
분명 눈은 책 속에 있는데
생각은 꿈속을 노닐며
또 다른 꿈을 꾸고 있습니다

봄비 촉촉한 들길을
봄바람 산뜻한 산길을
개나리 진달래 산수유 핀 길을
마냥 노닐고 있습니다

지나온 길목마다
건너온 강물마다
추억은 징검다리가 되고
그리움은 점철(點綴)되어
주마등(走馬燈)을 펼치고 있습니다
하기에 끝내 책을 덮고 말았습니다

봄비 내리는 봄님이 보고파서

따스한 봄님의 입김이 그리워서
봄비 나리는 길을 나섰습니다
하늘은 몹시 찌뿌듯한데
봄 향기는 참으로 맑았습니다
마치 보드랍고 포근한
님의 품속처럼 말입니다

고신(孤身)

그늘진 험로 한켠에 서서
힘겹게 피어난 들꽃이련가
너무도 볼품없어 그저 그런
잡초가 되어버린 이름 없는 몸이지만
자신만의 꿈과 사랑을 불태우며
춘풍추우(春風秋雨)를 지켜나가며
흐르는 세월도 모진 풍파(風波)도
탓할 줄을 모르며 오롯이 주어진 삶에
모든 것을 내맡기고 그냥 그렇게
바람처럼 구름처럼 흐르며
고독한 자신만의 자아(自我)를 찾아
그렇게 또 흘러간다네
내일의 꿈과 사랑을 찾아서….

잃어버린 사랑

님은 언제나 나의 그림자
확실한 나의 이정표(里程標)
언제 어디서나
내 손 잡아주며
갈 길을 인도(引導)했지요
그러나 혜풍(惠風)이
하늬바람으로 바뀌는 계절에
나는 나의 님을
잃어버려야만 했네요

나의 지나친 무관심(無關心)과
나의 어리석음이
님을 떠나보내야 하는
초석(礎石)이 될 줄이야
나는 정녕 몰랐네요
사랑했다며
정말 사랑했다며
말뿐인 사랑이었나 보네요

상념(想念)

뒷동산
잔디밭에 누워
흘러가는 구름을 보며
상념(想念)에 잠겨본다

옛 생각에 젖어
그리움을 삭히려 하니
짝을 찾는 매미가 악을 쓰고
건너 산 뻐꾸기도
구슬피 우는구려

파란 물감을 풀은 듯
시린 하늘 저편으로
하이얀 포물선을 그리며
물 흐르듯 흘러가는
저 비행기는
어디로 가고 있을까?
무엇을 찾으러 가고 있을까?

떠도는 구름 따라
내 마음 또한 떠돌며
저 구름 속에서 구름과 함께
마냥 흘러가고 있다네

즐거웠던 그 시절을 찾아서
님의 향기를 찾아서….

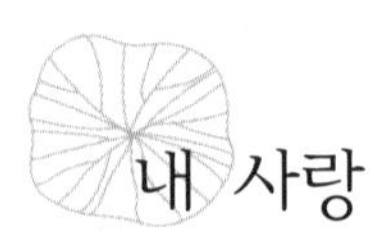

내 사랑

그리움을 잊으려
애태우며 뒤척이다
살포시 잠이 들면
꿈인 듯 생시인 듯
내게 찾아와
말없이 넌지시 지켜보다
슬며시 떠나는 사람

무어라 말 한마디쯤
있을 법도 하련만
아무런 말도 없이
슬며시 떠나는 사람
꿈인 듯 생시인 듯
내게 다가와
조용히 지켜보다
살포시 떠나는 사람

너무도 그립고 보고파
가까이 다가가면
어느샌가
저만큼 멀어진 사람

그래도 정말 그래도
꿈인 듯 생시인 듯
볼 수 있어 좋은 사람
내가 정말 좋아하고
사랑했던 사람
영원히 사랑하고픈 사람

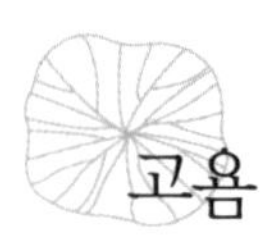

고욤

님 살아생전
고욤나무로 인해
얼굴 붉히며 하였던
언쟁이 생각난다

님과 함께였던 일상(日常)이
새록새록 돋아난다
즐거웠던 기억이
하나둘 돋아난다

님 생각에
옛 생각에 젖어
고욤을 따본다

잘 영글고 큼직한
고욤을 깨뜨리니
하얗고 빨간 주둥이에
앙증맞은 벌레가

너 누구야!
내가 주인인데 라는 듯
꿈틀거리고 있다

하여 미안한 마음 머금은 채
숲으로 보내주어야 했지
그리고는 옛 생각에
부끄러워 슬며시
웃고 말았지

잔영(殘影)

하늘은
시린 듯 푸르고
들녘에는 벼이삭이
고개 숙인 사잇길로
구름처럼 바람처럼
그렇게 또
그리움은 흐르고
흘러가는 그리움을 따라
꿈도 흐르고
사랑도 흘러가고
또 나도 따라 흐른다

일상(日常)처럼 덧없이 흐르는
우리들의 삶과
우리들의 꿈과 사랑도
이제는 점철(點綴)되어
옛이야기처럼
은하수가 되어버린

하여
잔영(殘影)으로만 비치는
희미한 님의 모습이
님과 함께하였던
꿈과 사랑이
못내 아쉬워
다시 또 한번
님을 그려보지만
끝끝내 찾을 수 없는
잔영이여….

씀바귀

들녘에서
님께 드리고파
꺾어 들은 들국화
알고 보니 씀바귀 꽃이었네
들국화를 쏙 빼어 닮은
하이얀 꽃 매무새가
너무도 아름다워
님께 드리고자
조심스레 꺾고 보니
향기도 없고
너무도 빨리 시들어
괜한 살생만
저지르고 말았네
미안해 다음 생애엔
향기롭고 더욱 아름다운
삶을 받으렴 그리고
좋은 곳에서 태어나렴

어찌할꼬?

지난밤 내린 비에
서 있기가 버거운지
벼가 누워버렸네
이삭의 무게가 버거운지
편하게 누워버렸네

누운 벼! 너는 편하지?
아니 어쩌면 너는
새로운 삶을
꿈꾸고 있는 건 아닌지?
새싹을 틔우고 꽃피워
신세계를 살아가고자 하는
그런 꿈을 꾸고 있는 건 아닌지?

그러나 이보게!
타들어 가는
저 농부의 심정은
어찌할꼬?

방황

산기슭 한켠에
몇 십 년 아니
몇 백 년은 됨직한
늙은 노송(老松)도
고고(孤高)함을 자랑하듯
우뚝 솟아 제자리를 지키고
시린 듯 푸른 하늘 또한
언제나 거기 그렇게 있는데

이 작은 마음 하나
붙박지 못하고
이름 모를 곳으로
마냥 흐르기만 하는
내 마음의 종착역은 어딜까?
내 마음의 고향은 어딜까?

또 자꾸만 생각나며
그리운 님의 모습은

어디쯤 있을까?

보고 싶은데
정녕 보고 싶은데
다시 볼 수 없기에
이 마음 덧없이 흐르고
또 흘러 마냥
흘러만 가는구려

민들레

동장군의 손짓에
모두들 일손을 놓고
기나긴 꿈속으로
여행을 떠나는데

노란 민들레 홀로 피어
동면(冬眠)을 거부하며
추위에 떨고 있네요

폭풍설(暴風雪) 따라
달려온 백설(白雪)도
안타까운 양
하이얀 솜이불을
덮어주는구려

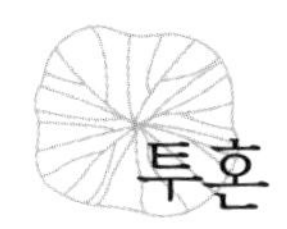

투혼

명성산
바위틈 새에
파아란 새순 돋았네
동장군(冬將軍)을 비웃듯이
추위도 아랑곳 하지 않고
고개 들어 내다보며
세상을 기웃거리네

이름 모를 새싹은
백설(白雪)을 밀치고
세월의 흐름 또한
아랑곳 하지 않고
세상을 기웃거리며
굳센 삶에 투혼(鬪魂)을
보여주고 있구나
경이(驚異)로움을 넘어선
끈질기 삶에 투쟁을….

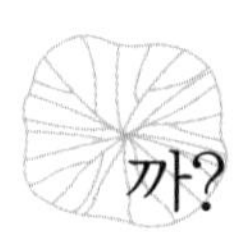

까?

산산이 흩어진
새털구름 사이로
비행기가 떠가네
소슬바람 따라 흐르듯
그렇게 떠서 흐르네

저기 저 안에도
수많은 사연이 있겠지?
꿈도 소망도 사랑도…
아니 가슴 벅찬
행복도 저기 있겠지?
마냥 가슴 따뜻한 사랑도
저기 있지 않을까?
아니면 가슴 여미며 애태우는
서글픈 이별도 저기 있을까?

사랑하는 사람을
말없이 떠나보내고

눈물로 뒤돌아서야 하는
그런 아픈 사연도 거기 있을까?

사랑했는데
정말로 사랑했는데도
눈물로 보내야만 하는
그런 아픈 이별도
거기 있을까?

못 잊어

만나는 사람마다
이제는 잊으라고
잊어야만 된다고
모두들 그렇게 말하네요

가신 님 그 님은
좋은 곳으로 가셨으니
말끔히 잊어버리고
새로운 삶을 찾으라고
모두들 또
그렇게 말하네요

그러나
흔들리며 나부끼는
나무 잎새에서도
님의 향기가 흘러나오며
무심한 듯 나래짓하는
벌 나비에서도

남의 사랑이
님의 향기가
노래를 하는 것 같습니다

저 하늘 저편
하이얀 구름 속에서도
해맑고 밝은
님의 잔영(殘影)이 보입니다

하여 나는
잊을 수가 없답니다
사랑했기에
정말 사랑했기에 말입니다

좀벌레

백설이 뿌려놓은
하이얀 눈꽃잎 밑으로
푸른 이끼 살아 숨 쉬며
여울 속에 노닐고
저속 비디오를 보는 것처럼
피라미 송사리 떼 노니는 곳에
무심한 듯 흐르는 저 개여울은
어디로 가고 있을까?
무슨 꿈을 꾸며 흐를까?

우리네 삶 또한 저렇게
흘러가고 있으련만
희로애락(喜怒哀樂)에 젖어
금쪽같은 세월에 꿈과 희망을
덧없이 지워가고 있구려
고귀한 삶을 야금야금
좀 먹으면서 말이오

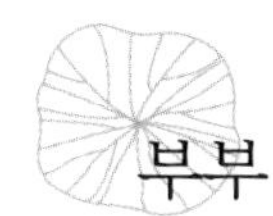

부부

"사랑해"
"사랑한다고 하는데
무얼 더 바래"
"개뿔! 사랑은 무슨…"
"인간아 그게 사랑이니"
"한순간만이라도
좀 진솔(眞率)해 봐라"
"뭐! 됐어"
"야!"
"너!"

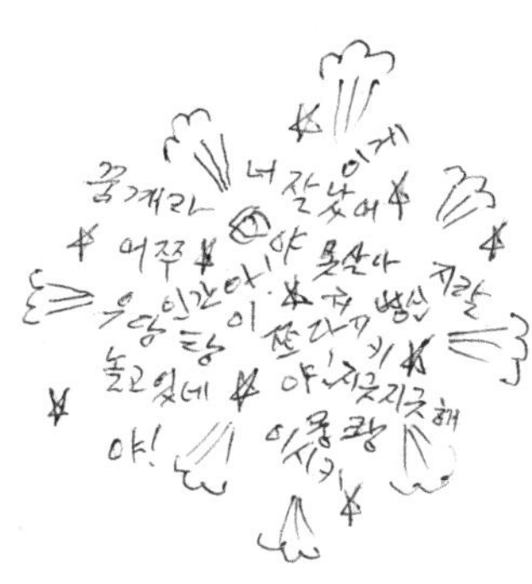

그러나
그것도 잠시 잠깐
곧 아무 일 없었던 것처럼
히히 하하 웃으며
손잡고 다독거리며
삶을 이어가는
칼로 물 베는 부부라네

고마워요

사노라면
미운 점이 더 많았을 텐데
모른 척 날 위해
애쓰며 살아온 당신
고맙구려
정말 고맙구려

나는 당신을 위해
그 아무것도
노력한 것이 없는데도
당신은 내 삶의 모든 것을
이끌며 지켜주었구려

참으로 서운하고
미워할 만도 하건만
당신은 개의치 않고
온 정성을 다하여
나를 지켜주었구려

고마워요
정말 고마워요
하여 당신의
헌신적인 그 사랑
나 정말 영원히 잊지 않을게요
영원히….

한여름의 코스모스

들깨 내음 가득한
아스팔트 길옆으로
코스모스 피었네
북아프리카의 사막처럼
달아오른 지열(地熱)과 함께
뜨거운 아스팔트 길가에
하늘하늘 코스모스 피었네

어서 가거라 더위야
만추(晩秋)의 계절(季節)을 위해
소리쳐 재촉하는 듯
손짓하는 듯
그렇게 하늘하늘
코스모스 피었네

Chapter 2

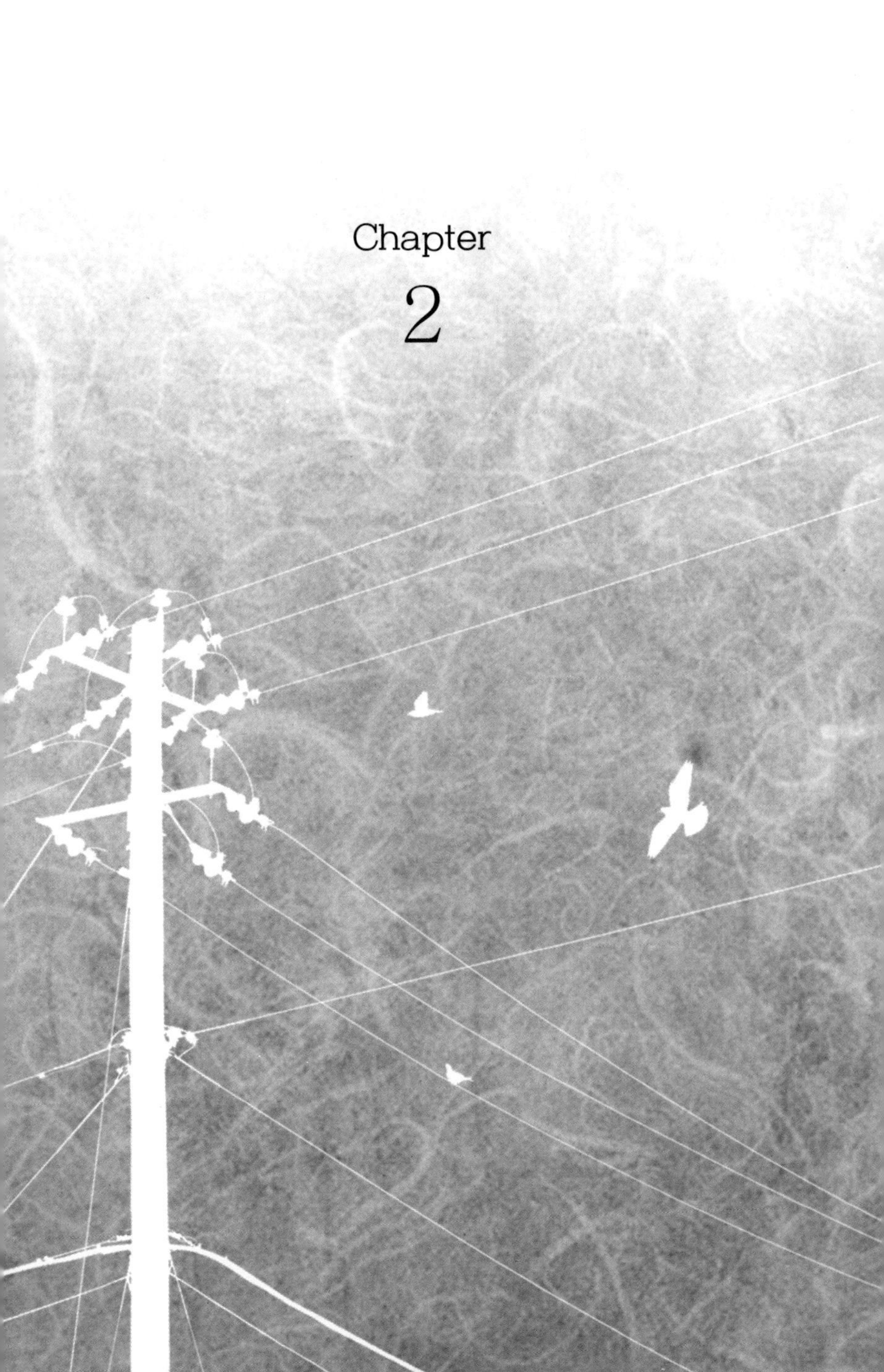

잊혀진 계절

냉이랑 씀바귀
살아 숨 쉬고
햇볕은 따사로운데
아지랑이는 없네

아! 그래서
봄날 같은 겨울
이 추운 동지섣달에
노란 민들레는
때늦은 미모(美貌)를 뽐내며
홀씨를 날리고

지나가던 북서풍(北西風)이
두 손 내밀어
홀씨를 도와주며
찬 서리를 뿌리네

너를 위하여

애야!
문을 열으렴
굳게 닫혀만 있는
네 마음의
문을 열으렴

네가 미워하던
부모형제를 위해
모든 이웃을 위해
빗장을 치우렴
꼭꼭 걸어두었던
네 마음의
자물쇠를 풀으렴

네 마음속의 자유와
네 마음속에 자리한
평화를 위하여!

그리하여
이 세상 모두를
포용(包容)하자꾸나

너를 위하여
네 자신의
꿈과 삶을 위하여
그 어느 것도
미워하지 말고
그 모두를 포용하려무나

상사화(相思花)

우린
참 많이도
좋아했는데
어느새
아름답던 일상(日常)은
그리움으로 잠들고
암흑(暗黑)의 나날은
구천(九泉)을 헤매나니
새로운 삶과
새로운 꿈을 꾸며
세상을 떠돌다가
해 지면 그도 떠나고
또 새로운
윤회(輪廻)가 계속된다지?

이렇게 모든 것이
돌고 돈다 하여도
영영 잊을 수 없는

내 사랑의
곱디고운 추억은
구천을 벗어나
언제 어디서나
양지바른 한켠에 서서
추억을 감싸 안으며
우리 사랑을 노래하는데
즐거웠던 그 시절을 노래하는데

언제부터인가
처음 만난 그때처럼
은하수를 가운데 두고
서로를 그리워해야 하는
상사화가 되었고
그리움은 점철(點綴)되어
은하수를 이루고 있구나

회상(回想)

석양에 물든
노을 진 바닷가 저편
수평선을 바라보네
내 님이 좋아하고
사랑하던 저 수평선은
예나 지금이나 늘 푸르르며
하이얀 햇살 또한
반짝이며 눈부심을 주는데

늘 내 곁에 계시던 님은
어느새 저 하늘에 요정이 되어
저기 저 수평선 위에서
손짓하며 나를 바라보는구려
어느새 꿈속에 요정이 되어
나를 지켜보고 있구려
하여 이제는 꿈이 되어버린
지난 일상(日常)을
마냥 그리워하는구려

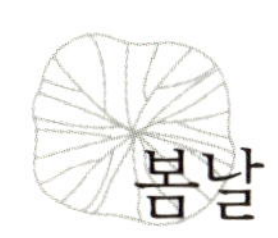

봄날

봄날
따사로운 양지 녘에
폴폴 님 생각 피어나면
모락모락 사랑에
아지랑이 피어올라
행복한 꿈을 꾸지

그러나
어느새 중천에 해 뜨고
살랑바람 불어와
님 생각 실어가나니
아지랑이도 내려앉고
비둘기도 구구대며
옛 생각일랑 지우라네
님 생각도 지우라네
그저 봄날 따스한
햇볕만 받으라 하네

영영 못 잊어

나
그리고 너
나는 나요
너는 너였지

그리고
너와 나에 만남
아름다운 화원에
무단 침입한 나비는
사전 허락도 없이
꽃님 위에 앉으니
어느새 하나 되어
사랑이란 꽃이 피고

너와 내가 하나 되어
우리가 되어
또 다른
예쁜 꽃을 피우며

꿈동산을 이루니

어느새
아름다운 가든(garden)이 되었네
세상 창파(滄波)에
홀로 나빌던 나비는
아름다운 정원(庭園)에
자리 잡고 웃었노라
행복하노라
꿈을 이루었노라고

그러나
자만(自滿)에 젖어
지난날을 잊었나니
하늬바람 따라
사랑은 잠들고
아름답던 일상(日常)은
그리움으로 잠들어

그 모든 꿈이
계절(季節) 속으로
흘러가버렸나니

어느 사이
아름답기만 하던 꿈은
깊은 잠에 젖어들고
내 영혼 벌거벗고
구천(九泉)을 헤매고 있네

아! 님이여!
그리움이여!
나는 영영
잊지 못하노라
그대의
속내 깊은 사랑을…

눈이 나리네

창밖에
눈 오네 흰 눈이 나리네
모든 상념(想念)을
다 덮어버리려는 듯
꽃잎 되어 그렇게
온 세상을 뒤덮네
소리 없이 바람에 흩날리는
하이얀 꽃잎처럼
그렇게 산천(山川)을 뒤덮네

잡다(雜多)한 상념과
아름답던 수많은 추억과
희로애락(喜怒哀樂)의 여한(餘恨)도
모두 다 덮어버릴세라
그렇게 또
하이얀 눈이 나리네
하이얀 꽃잎이
나풀거리네

재회

소슬바람 차가워
시린 마음 달래려
펴든 성경책 갈피에
바싹 마른채로
외롭게 누워 있는
네잎 클로버 하나

너를 처음 만났을 땐
희망과 함께
부푼 꿈을 꾸며
많이도 좋아했었지

고운 님 내 님이
곧 다시 오실 것만 같아
너를 반겨 웃으며
많이도 좋아했는데

야속하게도 님은

은하수 넘어 요정이 되셨고
너는 메말라
볼품없는 모습으로
깊은 잠을 자고 있었구나

너를 처음 만날 때처럼
내 마음 들뜨진 못해도
너를 다시 보니 반갑구나

그래도 옛 모습 간직한
너를 보며 너로 인해 품었던
희망과 꿈이
다시금 생각나는구나
새록새록
피어오르는구나

하모니카

흑암(黑暗) 속에서
님 보고 싶음에
님 그리움에 젖어
하모니카를 불고 있다

누구라도 있었으면 좋으련만
불행히도 내 곁에는 아무도 없다
오로지 칠흑 같은 어두움과
하모니카만이 유일한 친구다

하여 보고픈 사람을
소리쳐 불러보지만
그 아무도 대답하는 이 없고
공허한 메아리만
힘없이 되돌아오고 있다

언제 어디서나 나를 위해
쉬임 없이 다독거리며

따스히 감싸주던
고운 님 내 님이었기에
언제나 잊을 수 없지만
오늘따라 더욱더
보고 싶은 그리움에
눈물 속에 하모니카를 분다

흐르는 눈물을
닦을 생각도 않고
그저 하모니카만 불고 있다

처량하고 청승맞다며
님이 그토록 싫어하던
그 하모니카를 불고 있다
님 생각에 젖은 채
그리움을 삭히려고….

색(色)

이렇게
함박눈이 펑펑 나리는 날엔
모든 것 다 잊어버리고
그냥 푸욱 자고 싶다
그러다 꿈에서 깨어나면
하얀 눈이 덮어 있겠지
검은색도 빨간색도 노란색도
모두 다 정말 모두 다
새하얀 캔버스(canvas)가
되어 있겠지?

하이얀 눈꽃 따라
미움도 원망도 슬픔도
모두 다 정말 모두 다
하이얀 도화지(圖畵紙)가
되어 있지 않을까?

눈부시도록 하이얀

도화지 위에
상상(想像)에 날개를 펼쳐
아름답고 산뜻한
수채화를 그려볼까?
아니 모든 것 다 잊어버리고
새로운 선을 그어볼까?

올곧고 곧바른 선을 말일세
하얗고 겸손한 순백(純白)의 마음으로
새로운 색(色)을 입히는 걸세
그 모든 것을 다 잊어버리고
그 모든 것을 포용(包容)하며
싱그럽게 껄껄 웃게나
그리곤 나만의 색을 입혀 나가세
내게 주어진 삶을
살찌우기 위하여…
그러나 다시는
다이어트(diet)는 하지 말게나

잃어버린 사랑

사랑했던 사람아!
아름답고 곱던 사람아!
무엇을 찾아 먼 길 나섰기에
돌아오지 못하시고
그리움에 빛나는 별이 되셨는가?
지금은 어디쯤 가고 있기에
아무런 소식 없어
나 홀로 그리움을 삭혀야 하는 걸까

우리가 꾸미며 가꾸어가던
그 많은 행복과 사랑은
또 어디로 갔으며
당신은 어디쯤 계시는지?
그리움에 젖어 옛일을 노래하지만
지난날의 사랑과 행복은
다시 되돌릴 수 없는
동화 속 이야기가 되어버린
우리들 사랑이었네

주홍장미

지는 해
노을 진 창가에
님이 좋아하던
주홍색 장미꽃 피었네
님이 아끼며 사랑하던…
저녁노을 너울 속에서
한껏 고운 자태를 뽐내며
아름다움을 자랑하지만
너를 아끼며 사랑하던
그 님은 언제부터인가
거기 네 곁에 안 계시는구나

너는 너에 아름다움을 더하려
그리움까지 간직했지만
님 생각에 치우쳐
아름다운 너의 모습 보이지 않고
그리움만 방울방울 맺혀
꽃피우고 있구나

못다 한 꿈

님과 함께
저 파아란 들판을
저 맑은 하늘을 날자 했지

우리 사랑 넘쳤고
우리 행복 넘쳐 넘어
수많은 꿈을 꾸었지

그러나 가진 것이 없었기에
꿈만 꾸고 있었지
하지만 언제나
마음만은 넉넉했고
부족함을 모르며 살던 어느 날
님이 아주 먼 길을 나서고 말았네
다시 돌아올 수 없는 머나먼 길을…

하기에 우리는
제대로 한 번 날아보지도 못하고

나는 한쪽 날개를 잃어버려야 했지
그리고 홀로 버려진 나비는
꺾인 날개를 추스르며
님과 함께 날고 있는 꿈을 꾸는데

저 파아란 들판을…
저 푸른 하늘을…

님과 함께 날고 싶어 하는데
님은 머나먼 길 떠나셨기에
꿈은 꿈으로만 끝나고
그리움만 물밀 듯이
세차게 몰려오는구려

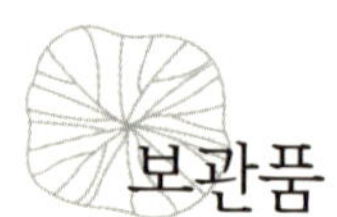

보관품

따스하고 정겨웁던
사랑하던 부모형제들이
머나먼 길 떠나시면
고갯마루 양지 녘에
새집 짓고 계시기에
보고프면 찾아가고
그리우면 찾아나서
한잔 술 나눠 먹고
풀 한 주먹 뜯어내며
시시콜콜 옛 이야기에
지는 해 바라보며
그리움에 눈물지었네
회환(悔恨)에 눈물 젖어
이 마음 달랬었네
그리움이 넘쳐흐르면
엎어져 쓸어안고
옛 이야기 벗을 삼아
지난 추억 꿈도 꾸었건만

어이 된 세상인지
뜯어낼 풀 한 포기 안 보이고
사랑주 한잔
나눌 수도 없구려
보드랍고 정겨웁던
잔디 이불 어디로 가고
앙증맞은 항아리에
이름 석 자 붙여놓고
계면쩍게 바라보니
살아생전 아파트는
발 뻗을 곳 있었건만
아파트 같은 이곳은
보관함에 불과하니
어쩌다가 우리네 인생
보관품이 되었을까?

평민(平民)

세상이라 이름 지어진
드넓은 초원을 보시게나
각양각색(各樣各色)의
수많은 아름다운 꽃들이
저마다의 꿈과 행복을 노래하지
아름답고 화려한 삶을 노래하지
하여 그 모두는 장미처럼
화려하게 살고 싶어 하겠지
그러나 나는 말일세
화려한 장미꽃보다는
외로이 서 있는 이름 모를 들꽃에
수수한 꽃잎이 되고 싶다네

아침 이슬 머금으며
벌 나비 친구 되어
실바람과 함께 하늘하늘 춤추는
그런 꽃잎이 되고 싶다네
그러다 계절(季節)이 가고

세찬 바람 불어와 나를 흔들며
어서 가자 재촉하며 손짓할 때
나는 서서히 낙화(落花)가 되어가며
또다시 돌아올 계절을 기다리지만
결코 두렵거나 무섭지는 않다네

다만 왠지 모를 서글픔에
지나온 인생(人生) 길을 뒤돌아보며
나만의 갠버스(canvas)를 올려다보네
나는 무슨 꿈을 꾸었으며
또 어떤 그림을 그려왔을까?
되돌아봄에 결코 화려하거나
아름답지만은 못한 삶이었다네
하여 내 영혼과 나의 육신과 함께
늘 같은 길을 걸어왔던
인생이라는 캔버스에
얼마나 많은 얼룩과
얼마나 많은 먹물이 튀어 있을까?

그것이 내심(內心) 많이 두렵다네

하여 부디 아주 적은
정말로 아주 적은 양의
먹물만이 튀어 있길 바라며
살바람 따라 그렇게
훨훨 날려가고 싶다네

환하게 아주 환하게
웃으면서 말일세

바보

험한 길 가시밭길
인생(人生) 길을 걷노라면
마주치는 사람 많고 많아도
험한 계곡 깊은 수렁 헤맬 때
내 손 잡아 이끌어주던 사람은
오직 하나 당신뿐인데
그 손 놓쳐버린 뒤에도
나는 무엇이 사랑인 줄 몰랐네요

계절의 폭풍우에 휩쓸려
험난한 가시밭길 헤맬 때
두 손 내밀어 잡아주던
오직 하나뿐인 그 사람은
이 못난 나를 위하여
사랑에 단비를 내렸는데
나는 아무것도 몰랐네요
무엇이 사랑인지도 몰랐네요

용서와 사랑을 위하여

주님!
당신은 날 위해
우리 모두를 위해
피눈물을 흘리셔야 했고
당신은 날 위해 우리 모두를 위해
못 박히고 창에 찔리시며
사랑의 피를 쏟아놓으셨습니다

그 아무런 잘못도 없는 당신이
날 위해 우리 모두를 위하여
피를 쏟으시며 우리를 감싸 안으셨습니다

양 떼를 돌보는 목동보다 더
험한 길 마다 하지 않으시고
당신을 초석(礎石)으로 내놓으셨습니다
모두들 무사히 밟고 지나가라고
님은 그렇게 징검다리가 되셨습니다
오직 하나뿐인 용서와 사랑을 위하여….

전령(傳令)

물오른 수양버들
연두 옷 챙겨 입고
진달래 진분홍 치맛자락
혜풍(惠風)에 나부끼니
봄이련가

곱게 차려입고
봄님은 오시는데
님은 왜 못 오실까?

마냥 기다림에 지쳐
이 마음 아지랑이 되어
명지바람에 실어 보내나니
그리움에 타는 마음
님에게 전해 주렴

뭐 있나요

사는 게 뭐 있나요
두루뭉실 굴러가고
은근슬쩍 묻어가며
그렇게 살아가는 거지요
그렇게 한세상 살아가노라면
세월의 흐름 속에 동승(同乘)하고
나만의 꿈과 삶을 살찌우며
사랑도 찾아가는 거지요

사는 게 뭐 있나요
덩달아서 따라가고
얼렁뚱땅 쓸려가며
그렇게 살아가는 거지요

이렇게 한세상 살아가노라면
삶이란 흐름 속에 뒤섞이며
자아실현(自我實現)을 꾀하고
나만의 자아(自我)를 찾아가는 거지요

개방(開放)

굳게 닫혀만 있던
마음에 문 열려니
어두웁던 그림자
서서히 사라지며
따사로운 볕 들어와
풀잎 돋고 꽃을 피워
향내 물씬 흐르니
어느새 벌 나비 날아와
친구 되어 꿈속에서 노닐며
아름다운 꿈을 키워가나니
나 살아 있음에 감사하며
꿈을 먹고 꿈을 키우며
벅찬 꿈을 위하여 도약(跳躍)하리니
실개천에 미꾸라지
어느새 용을 꿈꾸며
더 큰 꿈을 키워가노라

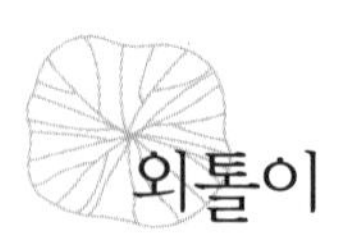

외톨이

아지랑이 춤추며
살랑바람 좋은 길을
왜 혼자 걷느냐고요?

“하하” 절대 혼자가 아니랍니다
여기저기 어느 곳에나
아니, 저 하늘 끝자락에도
나의 눈길이 머물고
나의 손끝이 스치는 곳에는
아름다운 추억이 폴폴 피어나는
내 사랑 님이 계신답니다

언제 어디서나 이 작은 가슴속에
자리 잡고 계신 내 님과 함께
때로는 손잡고
때로는 어깨동무도 하며
늘 함께 산책을 즐기지요

도란도란 이야기 속을 걷기도 하고
아름답던 추억 속에 젖어들기도 하지요

때로는 광인(狂人)처럼
깔깔 웃다가
때로는 그리움에 젖어
눈물짓기도 하지만

나는 언제 어디서나
님과 함께 있답니다

우리는 서로 많이 사랑했으며
아주 많이 좋아했기에
언제나 늘 함께 있답니다

내게는 너무도 곱고
사랑스러운 연인이기에….

Chapter 3

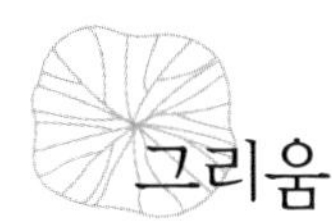

그리움

추억이 녹아 흐르는
상념(想念) 속에는
새록새록 그리움이 묻어나고
흐르는 계절(季節) 따라
그리움은 익어만 가는데
하늬바람 따라 떠도는
맑은 꽃향기처럼
잠시 머물다가 사라지는
우리네 꿈과 사랑은
또 어디로 흘러가는 걸까?

덧없이 익어만 가는
한없는 그리움처럼
꿈과 사랑이 익어가는
그 계절이 영원히
지속(持續)되기를 바램하는
아! 나는 한 마리
꿈나비가 되었으면….

모내기

– 옛 모습

어허야 어이허
모를 내자 모를 심어
아이야! 줄 띄워라
줄눈 띄워라
콧노래도 흥겨운
논두렁에 둘러앉아
새참에 올라온
동동주 한 사발이
이 몸을 흔들고 흔들어
어깨춤이 절로 나네
어허야 어이허
이 모야! 어서 자라
올가을 풍년가를
미리나 불러보세
어허야 어이허
살가웁고 정겨웁던
우리네 옛 모습은
씻은 듯이 사라지고

어이야 어이허
앉았다 일어서면
한 마지기 뚝딱이요
하룻밤 자고 나면
모내기가 다 끝났네
어이야 어이허
이 몸 편해서 좋다마는
살가웁고 정겨웁던
옛 모습은 씻은 듯이 사라지고
풋풋했던 이웃사촌
꿈속에서조차
멀어지고 있구나

해변에서

아침 햇살 살가운
해변가에선
바작 바작 바자작
발밑에 조가비
부서지는 소리 들리고

사박 사박 사르르
눈부신 아침 햇살이
하이얀 백사장에
내려앉는 모습 보이지

춘몽(春夢)

재 너머 고갯마루
아스라이 먼 곳에서
들려오는 저 봄에 찬가(讚歌)는
어느 누구의 목소리일까요?

안개비 속에서
아롱지며 빛나는
아지랑이 속으로 풍겨오는
비릿한 저 내음은
누구의 체취(體臭)일까요?

혜풍(惠風)을 안고 흐르는
희미한 잔영(殘影) 속에서
보일 듯 말 듯 드러내는
저 실루엣(silhouette)은
누구의 꿈일까요

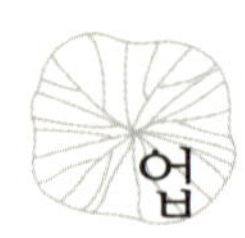

업

들녘에
하늬바람 찾아와
혜풍(惠風)을 밀어내면
은구슬 옥구슬 구르며
등줄기를 적셔내고

하늬바람은 어느새
열풍(熱風)에 밀려나고
달맞이 개망초가
웃으며 손짓하니

다람쥐 쳇바퀴 돌 듯
세상만사 또 그렇게
두루뭉실 굴러가며
세월을 갈아엎으면

반백년(半百年) 휘어진 허리엔
어느새 찬 서리 내려

눈 덮인 노송(老松)이라니
검던 머리 백설(白雪)이라니

하여 남은 세월 아까워라
놀고 지며 세상풍물 찾아나서
희로애락(喜怒哀樂)을 탐(貪)할 때
불우한 내 이웃과 네 이웃도
손잡고 같이 가세나

너와 내가 쌓은 공덕
후손들에게 밑거름이
된다누만

인생은 실험실(實驗室)

수많은 사람들
인생(人生)을 논(論)하며
일장춘몽(一場春夢)이라 하네

그러나 그 말이 전부는 아니라네
우리는 삶이라는 회사 안에서
우리네 인생이 실험도구가 되고
아주 작은 실험실(實驗室)이 되어

짠맛도 보고 쓴맛도 보고
꿈을 먹고 사랑도 하며
내 인생의 실험실을
풀타임(full-time) 가동(稼動)하고 있지

나만의 삶을 치장하며
가꾸고 뜯어 고치며
다듬질하고 있다네
내 인생의 실험실을 통하여

실험에 실험을 거듭하며
보다 더 곱고 빛나는
내일의 꿈과 행복을 위하여
보다 질(質) 좋은 삶을 꿈꾸며
걷고 걷고 또 뛰어도 보는 거지

상큼하고 다디단
내일의 삶을 위하여
조금씩 완성(完成)도를
높여가는 거지

첫사랑 · 1

세월을 따라
흐르는 계절(季節) 속에서
크고 작은 이별을 보내며
또 새로운 만남을 재촉하지요

그러나 짧은 만남 뒤에 오는
기나긴 이별은
가슴 시린 아픔을 간직하고
스치듯 지나가버린
삶이 자리한 계절(季節) 속에는
온갖 꿈과 사랑과
인연(因緣) 속에 연분(緣分)이
늘 담겨 있었거늘

나 미처 알아채지 못하고
덧없이 흘려 보내버린
춘풍추우(春風秋雨)에
허무했던 삶은

또 무엇으로
대신할 수 있을까?

아! 꿈이여! 사랑이여!
나의 연분(年分)이여!
나는 너를
알아보지 못하였구나

내게 주어진
행복(幸福)조차도
미처 챙기질 못하였구나
또한 스치듯 멀어져간
인연들조차도
나의 꿈이었음을
나는 알지 못하였구나

하여 흘러가버린
짧은 만남과

가슴 아린 이별만이
이 작은 가슴속에 홀로 남아
자리매김하고 있기에
나 영영 잊지 못할 너에게
폴폴 피어나는 그리움과 함께
나의 사랑을 보내노라

아직껏 남아 맴도는
나의 추억과 그리움을
띄우노라

사랑이란

사랑이란!
버려진 화초를
주워다가 키워내는 것
사랑이란!
멀어져가는 생명을
데려다가 살려내는 것
사랑이란!
불우한 내 이웃에게
손 내밀며 같이 동행(同行)하는 것
사랑이란!
나보다는 남을 먼저
생각하며 존중(尊重)하는 것
사랑이란!
더 큰 사랑을 위하여
모든 것을 희생하며
함께 가꾸어가는 것

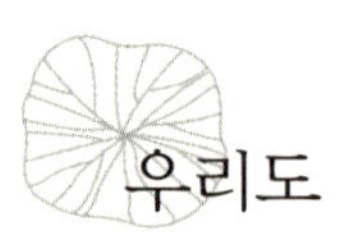

우리도

우리
마음이 무거울 땐
가슴을 활짝 펴고
저 파아란 들녘을
바라보아요
마음이 한껏
해맑아지지 않을까요?

후드득 소낙비 지나며
들에 핀 민들레
고웁게 씻어주면
해맑고 싱그러운 얼굴로
방긋이 웃지요

우리도 이같이
맑고 밝은 얼굴로
꿈을 키워가며
그렇게 살자구요

우리
마음이 서글플 땐
가슴을 활짝 열고
저 푸른 하늘을
올려다보아요
마음이 환하게
밝아오지 않을까요?

후드득 소나기 지나며
달맞이 개망초
산뜻하게 씻어주면
해맑고 수줍은 얼굴로
말갛게 웃지요
수줍은 소녀처럼…

우리도 이같이
수줍음을 간직하며
그렇게 살자구요

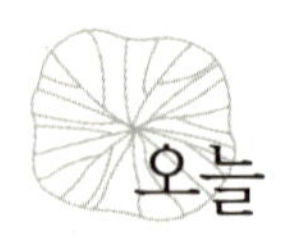

오늘

오늘은
내일의 어머니이며
내일의 시작이자
어제의 미래이며
다시 돌아오지 않는 오늘이지

오늘 하루해는
비록 짧다 하지만
오늘은 오늘로서의
값어치가 형성(形成)되기에
내일의 꿈과 행복을 위하여
아주 적은 시간이라도
아껴 써야 되겠지

우리 살아 숨 쉬는 동안
내일은 오늘을 그리워하며
되돌아보게 되고
때 지난 후회와 번뇌(煩惱)를 잉태(孕胎)하며

또 수많은 사랑이
꽃을 피우기도 하지

하여 오늘은 내일에
그리움을 잉태하며
수많은 과거(過去)사가
태어나겠지
그러므로
오늘은 내일을 위한
준비를 끝내야 하며
다시 돌아오지 못할
오늘을 위하여
보다 더 값진
삶을 추진(推進)해 가야겠지

내일의 꿈과 행복과
사랑을 위하여….

나비의 생(生)

긴 밤 지새운
작은 애벌레는
탈피(脫皮)를 끝내고
아름다운 나비 되어
시인의 길을 가네
파아란 초원을 노닐며
사랑을 노래하네

그러나 청명한 하늘에
소낙비 지나가며
수많은 추억과
그리움은 점철(點綴)되어
개여울 따라 흐르고
시인은 주저앉아
추억의 나이테를 세며
그리움을 노래하네

세례식 때의 경건함과

숭고함에 신비를 간직하며
지나온 발자국을
애써 지워보려 하네

덧없이 흐른 인생길엔
본노와 고통뿐인 삶이
전부인 줄만 알았는데
사랑과 행복이
충만(充滿)하였음을 보았고
꿈이 자라고 있음을 보았지

시인은 일어나 나래를 펴고
더 많은 꿈을 키우기 위하여
삶이 흐르는 은하수에
사랑의 나룻배를 띄우며
행복을 노래한다네

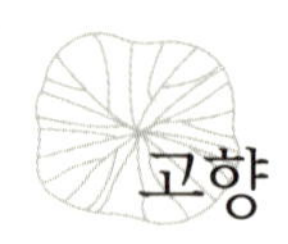

고향

나 본향(本鄕) 찾아
낯선 네거리에 서 있네
바람결에 낙엽 흩날리는
이 거리 여기쯤에
분명(分明) 내 고향(故鄕)이 있었는데
내 꿈이 있었는데
꿈인 듯 생시(生時)인 듯
고향은 어데 가고
그림자만 홀로 남아
눈에 아른거리고 있구나

낯선 듯이 낯이 익으며
낯 익은 듯 몹시 낯선 거리에는
고향의 그림자만 홀로 남아
서성거리고 있구나

반가웁고 정겨웁던 이웃사촌들
모두 다 어데로 가버렸는지

아는 이 하나 없는 고향에는
허무(虛無)와 정적(靜寂)만이 남아 맴돌며
아련한 그리움을 지워버리고
나 어릴 적 꿈마저
빼앗아 가버린
빈 껍질뿐인
고향이 되어 있었네

나 꿈에나 그리며 동경(憧憬)하던
그 고향은 아니었네
아! 너무도 낯설고 쓸쓸한
남의 고향이 피어 있었네

사이비(似而非) 김치

새콤한 묵은 김치 국물
버리기엔 너무 아까워
소금 조금 더 넣고
마늘 몇 개 더 넣고
부추랑 쪽파랑 통오이까지
마구 집어넣다 보니
커다란 김치통으로 넘쳐났네

그러나 살짝 불안했지
이게 정말로
파김치랑 부추김치랑
오이소박이가 될까?
그것도 한꺼번에…

마음 졸이며 기다리다가
그만 깜박 잊어버리고
보름이 지나서야 아차 했지
아까운 식재료 다 버렸을라

걱정과 호기심 속에 열어보았네
아! 그런데 이게 웬일일까
시중에서 사다 먹던 그것보다
더 맛있고 감칠맛 날 줄이야

야! 재탕김치
사이비(似而非) 김치 원더풀(wonderful)

아! 이렇게 재미있을 수가
무모한 도전에 절로 웃음꽃이 피는구려

나 살아 있음에

아름다운 것을 보면
감탄할 줄 알고
슬픔을 대할 때는
눈물 흘리며 괴로워하니
나 살아 있음이요

온갖 사물을 보면
생각하고 판단할 줄 아니
이 또한 살아 있음이요
내가 꿈을 꾸며
꿈을 실현(實現)하려 함은
분명 살아 있음이겠지

하여 나 살아 있음을 감사하며
살아 숨 쉬는 동안은
보다 질(質) 좋은 삶을 위하여
모든 것을 포용(包容)하며
모두를 사랑해야 되겠지

내 지나온 길목마다
나 건너온 강물마다
얼룩지고 일그러졌던 삶을
마음속 깊은 곳에서부터 반성하며
속죄에 속죄를 더하고
어제보다는 오늘을
오늘보다는 내일을 위하여
남은 삶과 꿈을
갈고 닦으며 개선(改善)해
나아가야 하겠지

아직은 조금이라도 남아 있는
사랑을 실천하기 위하여
나 살아 있음에 감사를 드리며
조금씩 완성(完成)도를 높여 가려 하지
세상은 더불어 살아가는 곳이기에….

가을 편지

소슬바람 불어와
울긋불긋 단풍 들었네
이 아름다운 가을 산야(山野)에
그리움을 담뿍 담아
사랑하는 님에게
살며시 띄워볼까나
풀벌레 울음소리에
놀란 단풍잎 물들었나
알록달록 어여쁜 산천(山川)에
사랑을 담뿍 실어
고운 님 내 님에게
살며시 날려볼까나
시린 듯 푸른 하늘 위로
하이얀 구름 흐를 때
황금빛 가을 들녘으로
아름다운 꿈을 실어
좋은 님 내 님에게
살포시 띄워볼까나

하트(Heart)

각양각색(各樣各色)의
고운 색상(色相)들이 아름다움을 뽐내지만
나는 그중에서도 특히
순백(純白)의 하이얀 색을 좋아하구요
하여 순백에 순결(純潔)을 상징하는
그 하이얀 캔버스(canvas) 위에
빠알간 하트(heart)를 그려갑니다
채 이루지 못한 나의 꿈과
나의 이 작은 사랑을…

이제껏 심중(心中)에 남아 맴도는
님을 향한 그리움을 전하려
빠알간 하트를 그려봅니다
사랑하였기에 지금도 사랑하기에
아니 영원히 사랑하고 싶기에
하얗게 타들어가는
이 작은 가슴속에 곳곳에
빠알간 하트를 그려갑니다

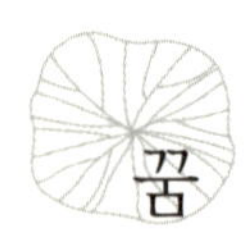

꿈

새벽 안개가
눈앞을 가리우며
내 갈 길 막아설 때면
이내 몸과 마음은
곧 안개비에 젖어들고
잡힐 듯 잡힐 듯 잡히지 않으며
언제나 저 멀리에 서 있는
미래의 꿈을 다잡아 먹으며
하나둘 셈을 세며 갑니다
내 꿈은 어디쯤 있으며
나는 지금 어디쯤 와 있을까?
또 어디로 흘러가고 있는지…

잡다한 생각들을 접고 또 다잡으며
잊으려 해도 잊지 못함은
내 귓가에 파도소리 들리며
하이얀 물거품이 찾아와
이 작은 꿈마저도

산산이 흩어놓기에
저 머얼리 흩어지는
나의 꿈을 잡으려 잡아보려
허우적거려 보지만

괭이갈매기의 울음소리에
끝내 모든 꿈은 사라지고
나 눈뜬 맹인(盲人)이 되어
더듬거리며 또다시
새로운 꿈을 찾아나서지

아! 내게 주어진 운명이여!
덧없이 지나쳐버린 나의 꿈이여!
부디 지난 일상(日常)을 거울 삼아
새로운 꿈을 찾아가자꾸나
네게 주어진 삶을 위하여….

기다림

별빛 잔잔한
물가에 앉아
긴 밤 지새우며
어신(魚信)을 기다리는
낚시꾼처럼
애타게
기다리고 또 기다림은
내겐 아직
아름답던 사랑이
자리하고 있기 때문이지요

이 작은 가슴속에
자리 잡고 맴도는
그 깊은 사랑은
어느 때부터인가
기다림을 잉태(孕胎)하고
그 기다림의 끝자락엔
한없는 그리움이

살아 맴돌지요

잡힐 듯 잡힐 듯 잡히지 않는
보일 듯 보일 듯 보이지 않는
이 그리움에 끝은
또 어디쯤 있을까요?

그리움은 서글픔이 되어
끝없이 점철(點綴)되며
기나긴 은하수를
이루어가고 있는데….

험로(險路)

심산유곡(深山幽谷)에 물 흐르듯
내 인생(人生)도 흐르고
내 꿈도 흐르나니
흘러가는 길목에는
여울목도 있고
폭포도 있으리요
가는 길 가고자 하는 길
힘들고 험악하노라
가던 길 멈추노라면
이 몸 갈 곳은 어디일까?

하여 보이지 않는
먼 미래를 바라보며
오늘도 걷고 또 걷는구려
이같이 정상을 향해 가는 것은
우리 살아 숨 쉬는
목적이며 꿈이요
사랑인 것을….

Chapter

4

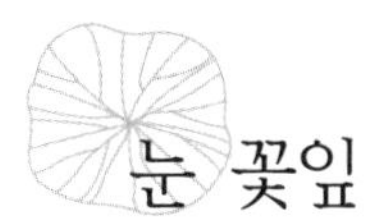

눈 꽃잎

야삼경(夜三更)
깊은 밤에
어두움을 밝히려는 듯
하이얀 눈 꽃잎
살포시 내려앉으며
온 세상을 뒤덮네
꽃잎은 사랑을 안고
꽃잎은 행복을 싣고
꽃잎은 꿈을 나누며
수줍은 소녀의 꿈속으로
사뿐히 내려앉으며
속삭이듯 노래하네

행복하여라
행복하여라
하여
아름다운
꿈을 꾸렴아

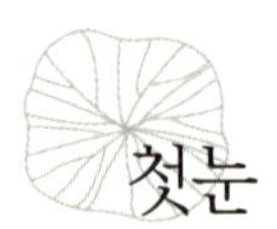

첫눈

눈 오네
첫눈이 나리네
소리 없는 미소(微笑)처럼
나풀나풀 내려앉으며
작은 연인들의
깊은 단잠을 깨우며
사랑에 움을 틔우네

따스한 작은 앙가슴엔
꿈과 사랑을 담고
달뜬 마음을 다독이며
나풀나풀 첫눈 내려
작은 연인들을 축복하네

사랑하여라
사랑하거나
그리고 행복하렴
꿈을 꾸어라

꿈을 실천하거라
행복한 내일을 위하여
영원히 잊지 못할
추억을 만들려무나

네 젊은 날에
꿈과 사랑을
이루어 가려무나

사춘기(思春期)

창밖에 눈 오네
함박눈이 나리네
하이얀 꽃잎 되어
쉬임 없이 내려앉으며
속삭이듯 하는 말

아이야!
내 말 좀 들어보렴
야삼경(夜三更) 긴긴밤을
지새우지 말고
아픈 마음 다독이고
슬픈 기억 다잡으며
나와 손잡고
순백(純白)의 세상을
구경 가지 않으련?

네 마음엔 날개를 달고
아름다운 꿈과

행복에 새싹을 틔워보렴

저기 저만치서 오시는
봄님을 맞이하여
신방(新房)을 꾸며보렴

네 몸과 마음을
고웁게 치장하고
얼굴 가득히
두루춘풍(春風)에
미소(微笑)를 가득 담아
네 마음을 전해 보렴

첫사랑 · 2

이렇게
눈 내리는 날이면
모락모락 피어나는 옛 생각
고향이 그리울 때도
함께 떠오르는 생각
잊으려 해보아도
잊을 수 없는 생각은
그 생각의 뒤안길엔
내게도 잊지 못할
첫사랑이 자리하고 있음이지요
굳게 약속하고 다짐했던 첫사랑이…

그러나 다짐했던 그 약속
끝내 지키지 못하였기에
아무런 생각 없이 돌아섰기에
부끄러움과 죄스러움에
마음속 깊이 용서를 구해 보지만
이제는 다시 돌이킬 수 없는

해묵고 퇴색한 사랑이
되어버렸네요

그래도 자꾸만 생각남은
아직도 실낱같은
그리움이 남아 있음이지요

하여 오늘도 또
첫사랑 그 님의
행복을 빌어봅니다

부디부디
행복하셔야 된다고….

인내(忍耐)

하이얀 꽃잎이
한 잎 두 잎 그리고 또 한 잎
슬며시 내려앉더니
어느새 함박눈이 되어 나리네

하여 하늘을 올려다보니
잿빛하늘 저 너머 어디선가
휘파람소리 들려오네

야멸차게 몰아붙이며 할퀴는
매서운 폭풍과 함께
얼굴은 따갑고
귀는 떨어져 나가고…

아! 설렘으로 맞이한
눈 꽃잎이 매서운 폭풍설(暴風雪)로 변하여
야멸차고 날카롭게 할퀼 줄이야

그래 그렇구나 그러고 보니
우리네 세상 살아가는 삶
또한 이러하거늘
모든 것이 기다림과 같이 않거늘

하여 저 깊은 심연 속에 자리한
내 마음속의 분노를 삭이며
참고 참아 견디노라면
하이얀 겨울 지나고 파아란 봄이 오듯이
내일은 내일의 해가 뜨겠지

따뜻하고 포근한 태양이 솟아올라
그 모두를 따뜻이 포옹(抱擁)하며
세상 그 모든 것을 포용(包容)하겠지
세상 그 모두를….

용서

애야!
잃어버린 재물에
연연(戀戀)하지 말고
가슴 아파하지도 말렴

그래도 다행히
네 마음은 간직하였잖니
물론 쓰리고 아픈 배심감에도
마음 아파하지 말고
마음속에 담아두지도 말자꾸나

그럴수록 네 자신만 더욱 괴롭히며
네 마음속엔 더 큰 시련과
걷잡을 수 없는 분노만이
잉태(孕胎)하게 된단다

그러니 네가 베풀고
정성들였던 일만 생각하지 말며

아까워하거나 서운해 하지도 말자꾸나
네 마음 몹시 아프겠지만
모두 다 잊어버리고
분노를 삭히렴
그리고 용서하자꾸나

그것이 곧 포용(包容)이며 사랑이고
네 자신이 승리하고 있음이지
너는 부푼 꿈을 먹으며
꿈을 키우며 살고 있으니
용서와 사랑을 익히며
포용을 터득해야 한단다

더 큰 내일의 꿈을 위하여….

리허설(Rehearsal)

왜?
삶에는
연습이 없을까?

세상 모든 것엔
예비 시간이 있고
상태를
미리 점검해 보는
리허설(rehearsal)이 있는데
왜?
삶에는
리허설이 없을까?

만약에
삶에도
리허설이 있다면
세상 모두는
또 어떻게

삶을 이어가려 할까?

만약에
삶을 예비 점검하는
리허설이 있다면 말이다

그러나
불행하게도
우리 주어진 삶엔
그런 사치품이 없다네

하여 단 한 번뿐인
삶을 좀 더 빛내고 싶다면
모든 일에 신중을 기하며
조리 있게 차근차근
순서(順序)를 밟아나가야 하겠지
보다 더 값진
내일을 위하여….

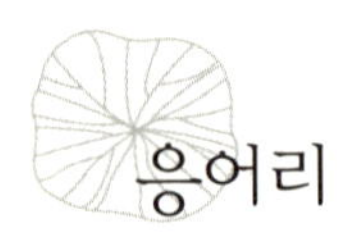

응어리

봄비가
촉촉이 내려앉아
산천에 나목들 잠을 깨우고
보리수 가지 가지마다
파아란 움을 틔우며
앞 뒤뜰 개나리도
잠 깨워 봄을 노래하는데

이 작은 마음속에는
왜? 봄님이 안 오실까
긴 겨울 엄동설한을
마음 졸이며 기다렸건만
이내 마음속에는
여전히 흰 눈이 펄펄 나리네
왜일까? 무엇 때문일까?
왜 쉬임 없이 흰 눈이 나릴까?

하여 자기고백(自己告白)을 꾀하며

자기기만(自己欺滿)을 행해 보지만
비웃듯이 그렇게
세찬 폭풍설(暴風雪)이
휘몰아치며 말하길
본심(本心)을 속이지 말고
애써 잊으려 하지도 말며
네 마음속에 담아두지도 말고
흔들리는 네 마음을 다잡아
크게 포효(咆哮)해 보렴

사랑한다고!
사랑했노라고!
영영 잊지 못할 거라고!

봄은 가고 또 왔는데

지지난 여름
하늬바람 따라
쓸쓸히 길 떠난 사람
봄이 오고 또 가고
또다시 새봄이 오셨는데
무슨 사연이 그리 많은지
명지바람 따라
흩날리는 꽃향기 속엔
님은 보이지 않고
그리움만 가득히 피어 있구나

건너 산 뻐꾸기도 구슬피 우는구나
하늬바람 따라
말없이 길 떠난 사람
그 사람은 왜?
다시 돌아오지 못하고
추억만이 남아 맴돌며
그리움만 자꾸 영글어가는지….

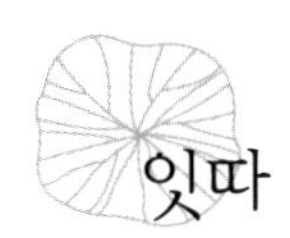

잇따

잇따는
꽃을 사랑하기에
자나 깨나
꽃 속에 사노라네
그냥 보아도
아름다운 꽃
더욱더 예쁘게 보이려
자르고 다듬어
매무새를 잡아주며
꽃 속에 사노라네
진정 꽃을 사랑할 줄 알기에
꽃 속에 사노라네

하여 잇따 당신은
꽃처럼 아름답다오
아니 꽃보다 더
당신이 아름답다오

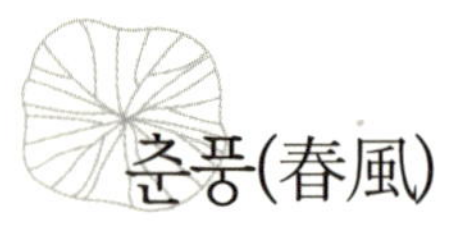

춘풍(春風)

따다닥 탁
빙판 속으로
실금이 뻗어 나가면
얼었던 강물
서서히 녹아 흐르고

버들강아지 예쁜 모습에
봄님이 살포시 미소(微笑) 지으면
어느새 봄바람 불어와
나뭇가지 가지마다
연두빛깔 아가씨
부끄러운 듯 고개를 내밀며
꽃소식 둘러메고
갈잎 속으로 스며들어
아지랑이를 깨우나니

지난겨울 찬바람에
얼어붙은 시린 마음

봄바람에 녹여내고
님을 맞는 기쁨으로
꽃향기 맑은 날에
내 꿈 실어 띄우려네

찬 서리 찬바람에
마음 시려 아픈 가슴
봄바람에 녹여내어
사랑의 움을 틔우려네

허상(虛想)

졸졸졸 노래를 하며
어디로들 가고 있는지
개여울 녹아 흐르는
뚝방길 옆으로는
해묵어 비틀어진
억새풀만 볼품없이 서서
힘겹게 손짓하는 사이로
풋풋한 봄 내음 쓸어 담고

봄바람 살랑거리면
혹여 님의 음성인지
봄님의 목소리인지
낯익은 목소리가
환청(幻聽)처럼 들려오는데

혹여 님의 체취인지
봄님의 봄 내음인지
내 몸에 익은 냄새가

비릿하게 풍겨오는데

도무지 그 무엇도 보이지 않고
상념(想念) 속에 그리움만
더욱더 깊어가는가 보오

그리운 목소리만이
환청처럼
들려오는가 보오

봄의 찬가

살랑바람 불어와
언 몸을 감싸 안으면
얼굴 가득 와 닿는 따스함에
앙가슴을 녹이는 포근함에
손끝을 촉촉이
적셔주는 감미로움에
오늘도 너를 맞이하며
한 겹 또 한 겹
마음에 쌓여 있던 짐을
훌훌 벗어던지며
코끝으로 느끼는 향기는
언제나 나를 들뜨게 하는구나

하여 나는 너를 기다리며
긴긴 겨울 해를
힘들여 참아내었구나

내게는 너무도 따뜻하고

내게는 너무도
다정한 친구여!
아니! 만인(萬人)의 연인(戀人)이여!

이름하여 너를
봄이라 노래하나 보다

첫사랑 · 3

봄날
봄비에 젖은 새싹처럼
촉촉이 젖어들며
말갛고 순수하게 싱그러움을 풍기며
아름다운 꿈을 꾸었지
수줍은 아기 소녀의 미소처럼
해맑은 사랑을 노래했었지

그러나 흐르는 시냇물처럼
우리 젊은 날의 꿈과 사랑도
덧없이 흘러가버리고
굳게 다짐했던 그 약속은
어느 사이 낡고 낡은
메모지가 되어 아주 작은 바람에도
하염없이 흩날리며
갚은 상념(想念) 속에 젖어들게 하는

하여 까맣게 잊어버리고 있던

그리움에 그 시절이
봄날 아지랑이처럼
모락모락 피어오르는

아! 그때 그 님은
문득 문득 생각나며
언제나 나를 미소 짓게 하는
한번쯤 다시 만나보고 싶은
첫사랑 연인이었습니다

해맑고 풋풋했던
첫사랑 연인이었습니다

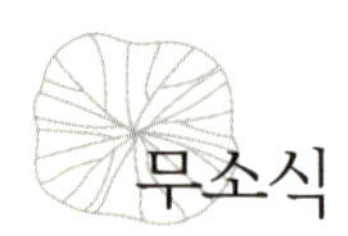

무소식

모락모락
아지랑이 피는
봄 오는 길목에
꽃소식 들려오면

귀 기울여 기다림은
꽃향기 따라서
행여 님이 오시는가
님 오시는 발자국 소리
들려오려나

고갯마루 언덕길을
하염없이 바라보나
오늘도
님 소식 들리지 않고
고운 님 그 모습도
보이지 않고

짝 잃은 산비둘기
구구대는 울음만이
환청(幻聽)처럼 들려오며
실버들 연두빛깔
치맛자락만이
혜풍(惠風)에 나부끼며
손짓하는구려

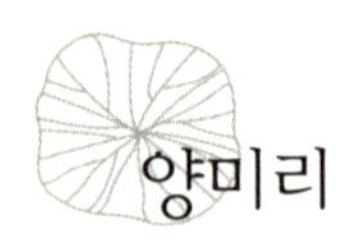

양미리

— 아빠의 어린 시절

동지섣달 긴긴 겨울
찬바람 매섭게 불어
남대천 강물 꽁꽁 얼면
도락구 제무시 나타나
남대천 강바닥에
양미리를 쏟아놓고
동네 아낙네들
손에 손에 짚단 들고 달려와
양미리를 엮어내지

덕장에 널으려고
얼음 깬 강물에
양미리를 씻어낼 때
어설프게 묶인 녀석들
잽싸게 탈출하여
강물 속에 흩어지면
추위도 아랑곳 하지 않고
강물에 뛰어들어

양미리 주워 한 꾸러미
시린 발 동동 구르며
집으로 달려가면
할머니 깜짝 놀라
솜이불에 돌돌 말아
아랫목에 앉혀놓고

요 녀석아!
귀한 고추 얼면
어쩌려고 그래 하며
깔깔 웃으셨지요

잠자리

— 아빠의 어린 시절

무더운 여름날
코찔찔이 어린 시절
잠자리에 실 매어
나뭇가지에 묶어달고
하늘 향해 휘두르며
목이 터져라 외쳤지

"잠자리 꽁꽁
멀리 가면 죽는다"

온종일 물가에 서서
햇볕에 타는 줄도 모르고
하늘 향해 휘둘렀지

"잠자리 꽁꽁
멀리 가면 안 된다"

그렇게 말잠자리와

고추잠자리에
예쁜 노란 줄무늬에
호랑이 잠자리까지 잡아
손가락 사이사이에
끼어들고는 마냥
의기양양했었지

아빠들의 어린 시절
여름날 방학 때엔
이렇게 곤충채집에 묻혀
밥 먹는 것도 잊은 채
온몸이 빨갛게 익도록
즐거운 하루해를 보냈지

자치기

— 아빠의 어린 시절

땅 위에
작은 구멍을 만들어
대각선으로 다듬은
작은 잣대를 놓고
큰 잣대로 던져
떨어진 곳에서 세 번 더
작은 잣대를 튕겨 올려
멀리 쳐내며 놀았지

거리를 재서 더 멀리
보낸 팀이 이겼기에
상대팀의 잣대를 낚아채
공격을 멈추게 하여
수비에서 공격으로 바꾸었지

때로는 둘이서
때로는 여럿이서
편을 짜서 놀았었지

패자는 승자를
업어주어야 했으며
때로는 심부름꾼도 해야 했지

승자는 좋아라 깔깔대며
개선장군처럼 큰소리치며
으쓱으쓱했었지

우리들의 자치기는
그렇게 해 지는 줄 몰랐지

깡통차기

— 아빠의 어린 시절

여럿이 모이면
작은 동그라미 안에
빈 깡통을 세워놓고
힘껏 걷어차 내면
술래는 재빨리
깡통을 주워다가
제자리에 가져다놓아야 했지

그 짧은 시간에
술래를 제외한 남은 사람들은
각자 숨을 곳을 찾아 숨어들었지

술래는 숨은 아이들을 찾아
여기 기웃 저기 기웃하며
깡통에서 멀어져가면
재빨리 튀어 나가
강통을 걷어차 버리고는
또 숨기를 거듭할수록

우리들의 깡통차기는
재미를 더해 갔고
술래는 점점 울상이 되었지

깔깔대며 웃고 노는 사이에
어느새 해는 뉘엿뉘엿
서산으로 숨어들고
해 질 무렵의 깡통차기는
점점 더 신바람을 더해 갔지

엄마의 부르는 소리가
호통으로 바뀔 때까지….

쥐불놀이

— 아빠의 어린 시절

미군들이 버린
빈 깡통을 주워다가
못으로 구멍을 뚫었지
빙 돌려가며 구멍을 뚫었지
주워온 삐삐선(전화선)을
깡통 위에 묶어놓고는
해 지기를 기다렸지

드디어 해가 지면
깡통 속에 찢어진 고무 조각과
손가락만 한 나무 조각들을
깡통 속에 가득 넣고
깡통에 불을 붙여
신나게 돌리고 또 돌리면
불길은 점점 거세지고
우리들의 신바람
또한 거세지기만 했지

이윽고 나무가 숯이 될 무렵
하늘을 향해 힘껏 던져 올리면
밤하늘을 아름답게 수놓은
불꽃 기둥과 함께
터져 나오는 우리들의 함성은

이얏호!
그러나 그것도 잠시
떨어진 불똥에
솜바지를 태워먹고는
엄마에게 혼나야 했지
그것도 엄청 혼났지

그래도 우리들의 즐거운
쥐불놀이는 그칠 줄을 몰랐지

그 시절 그때에는
우리들의 불꽃놀이였거든

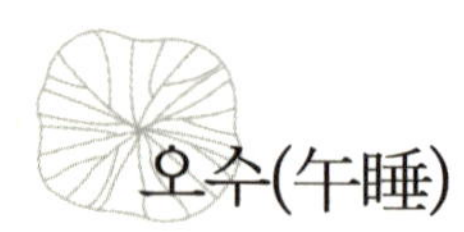

오수(午睡)

살포시 봄비 내려
나뭇가지 가지마다
하이얀 은구슬
방울방울 맺혀
염주(念珠) 알처럼
영롱하게 빛나며
낙수되어 흐르고

이 마음 상념(想念)에 젖어
지난밤에 꿈과 같이
혜풍(惠風)에 실려오는
행복에 꿈을 담고
자꾸만 내려앉는
눈꺼풀에 졸음 담아
참선(參禪)이나
해볼거나